Heidrun Päulgen

Texte und Gedichte

Heidrun Päulgen

Texte und Gedichte

Inhalt

Jahreszeitliches   6

Von der Liebe und vom Leben   17

Nachdenkliches   27

Heiter bis wolkig   39

Gedanken und Worte quer durchs Leben

Jahreszeitliches

Frühling schwebt auf leichten Schwingen,
durch die warme, sanfte Luft.
Hör von weit ein Kindersingen
und die Amsel ruft.

Der Duft von aufgebrochener Erde
weckt Sehnsucht nach Erneuerung,
dass alles wächst und wieder werde,
in ewiger Erinnerung.

Erste Sonnenstrahlen zaubern
Schattenspiele an die Wand,
und ich nehme ohne Zaudern,
doch in Liebe, deine Hand.

Will mit dir sein, will tanzen und lachen
auch Küssen möchte ich dich,
und andere Sachen mag ich gern machen,
sag mir, liebst du auch mich?

Im kühlen Morgentau,

wenn sich der Nebel hebt,
hab ich die Fee gesucht,
die Seidenfäden webt.
zu feinsten Gespinsten,
von Halm zu Halm,
glitzert ihr Werk im frühen Licht.
Einzig die Fee ist mir entkommen,
und ich finde sie nicht.

Wenn in der Früh die Nebel steigen,

wie Wolkenschleier überm See,
ziehn die Gedanken fort,
in mystisch ferne Zeiten.
Still steht der Reiher.
Doch hoch in den Lüften,
hör ich den Kranich kreischen.
Schau sehnsuchtsvoll,
wie sie im großen Tross
gleich einer Perlenschnur,
gen' Süden reisen.
Aufwiedersehn!

Wintermärchen - Sonnenschein,

möchte gerne draußen sein.

Puderzucker - Flockentanz,

Schlitten fahr'n mit Bruder Hans.

Pudelmütze und ein Schal,

komm, wir rodeln noch einmal.

Hab die Handschuhe verloren

und die Finger rot gefroren.

Hinterm Ofen liegt das Kätzchen,

da ist sicher noch ein Plätzchen,

für zwei durch gefrorene Kinder,

im Winter.

Weiße Atemfähnchen,

am klirrend kalten Wintermorgen,
der harsche Schnee knirscht
unter unseren Füßen.
Verzuckert scheint der Wald.
Das weiße Feld, es glitzert,
wie tausend Diamanten gleich,
und deine Hand liegt in der meinen,
warm und weich.
Lass uns noch gehen ein Weilchen,
Lass uns noch sehn ein Weilchen.
in wundersame Winterwelt.

Weißer Nebel legt sich still
wie ein Schleier übers Tal.
Süßer Duft, nach reifen Früchten.
Die Sonne steht schon tief,
und wärmt ein letztes mal.

Wind zerrt Blätter von den Zweigen,
die kraftlos sich ergeben,
und tänzelnd hin zur Erde schweben,
um zu vergeh'n, für neues Leben.

Stiller Glanz in deinen müden Augen,
staunend, doch so voll versteh'n.
Alles ist in Allem,
wird geboren um zu gehen.

Lichter blitzen, und aus sämtlichen Ritzen

tönen Lieder, wie alle Jahre wieder.

Künstlicher Glanz in trauriger Welt,

Geschenke gibt's nur noch für Geld.

Hetzen und hasten, ich find' keine Ruh' ,

traurig guckt das Christkind zu.

Vom Himmel hoch, fällt jetzt noch Schnee.

Vom Laufen tun die Füße weh.

Oh Tannenbaum, oh Tannenbaum,

du fehlst mir noch zum Weihnachtstraum.

Liegst im Keller im Karton,

ganz aus Plastik, ohne Duft.

Die Glocke schon zur Vesper ruft.

Schnell noch den Braten in die Röhre,

da hör ich schon der Engel Chöre.

Ich öffne mir den guten Wein,

und lass Weihnachten endlich Weihnachten.

sein.

Sanfte Schwingen,

schwereloser Traum,

getragen vom Glück.

Entführ mich Engel,

und lass mich fallen,

mitten ins Leben hinein.

Das Fest

Aufstehen

Suchen und Sehen

Eingehüllt in Vertrautsein

In bunten Farben und Düften

Den Klang der Musik hören

Tanzen und Fröhlichkeit

Die Sterne weisen den Weg

Gut behütet und leichten Fußes

Den Weg zum Friedenshort gehen

Feliz Navidad

Die Zeit vergeht - das Jahr verinnt,

mit Feuerwerk und viel Tamtam.

Trink deinen Wein,

und lausch' der Wünsche Sinn.

Sie plätschern eitel vor sich hin,

gleich einem kurzer Regenschauer,

ins neue Jahr.

Und nichts davon ist je von Dauer.

Von Liebe und dem Leben

Miese Laune

Für dich soll's grrrüne Krrröten regnen,
dir soll ein schreckliches Grrrollen begegnen.
Die Welt soll dir im Schlamm versinken,
und deine Fische, die sollen ertrinken!

Nur Gutes

Die Welt soll dir ein Lächeln schenken,
und Glück soll all deine Schritte lenken.
Doch ist es mal trüb oder grau, ja dann,
dann lach dich halt selber im Spiegel an.

Viel Glück

Das Glück soll dich mit Liebe segnen,

dir sollte eh nur das Beste begegnen.

Die Welt soll sich für dich verbiegen,

und sich gefälligst nicht immer bekriegen.

Samstag Abend

Mein Herz will dir nur Liebe schenken,

will meine Blicke auf dich nur lenken.

Doch lass mich heute zum Fußball gehen,

und danach noch bitte die Sportschau sehen.

Was hat das Herz in meiner Brust zu klagen?

Es muss nur schlagen!

Ich seh' die Welt, mit allem wie sie ist,

muss sie ertragen.

Muss mich mit falscher Liebe und

so manchem Kummer plagen...

Doch du, mein Herz,

du musst nur schlagen!

Herzklabaster,

Wimpern klimpern,

ein scheuer Blick-

ein schelmisch forsches Zwinkern.

Ein paar Worte, nur geflüstert,

ein paar Blicke, reichlich lüstern.

Deine Hand die meine hält.

Reden über Gott und die Welt.

Komm lass uns gehen,

zu mir oder zu dir?

auf ein Bier,

oder zwei,

vielleicht?

Stilles Verstehen

in deinen Augen.
Ungesagte Worte,
die mich dennoch erreichen.
Berührst meine Seele,
hältst mich fest,
ohne mich zu binden.

Träumend steh ich

an deinem Saum,
bedeckst meine Füße
mit sanften Wellen.
Löschst meine Spur
aus dem Sand,
als wäre ich
nie hier gewesen.
Nimmst meinen Blick
im Blau gefangen,
und entführst ihn
in endlose Weite.

Gedanken ranken,

in meinem Kopf.

Kreuzen und verschlingen sich,

stoßen an Schranken.

Gedachte Gedanken.

Gedanken fließen,

aus vielen Quellen

ineinander und verschmelzen.

Fragmente des Lebens,

aus der Vergangenheit

und der Zukunft

ins Jetzt.

Lange Suche, dunkle Stunden.
Angst, Verwirrung, tiefe Wunden.
Schutzlos geh ich durch den Nebel.

Sog und Strudel ziehn mich runter.
Halt mich fest, ich gehe unter.
Zerschlag das Eis und öffne die Tür
zu MIR.

Wolken fliegen hoch und weit,
wie Gedanken aus der Zeit.
Scheinbar ohne Ziel und Sinn,
hoch am Himmelszelt dahin.

Werden all mein Sehnen,
ohne Mühe mit sich nehmen.
Fliegen bis zum Meer,
ich vermiss dich sehr.

Sturm und Wolken wünsch ich mir,
bringen meine Küsse dir.
Schick den Regen mir zurück,
er erzählt mir was vom Glück

Nachdenkliches

Nicht allein!

In meiner Not wende ich mich an meinen
Bruder. Er ist sicher nicht der, dem ich
zutraue, mir aus der Klemme zu helfen.
Aber er ist gerade da.
Ich erzähle ihm von meinem Problem.
Wider Erwarten hört er mir geduldig zu,
unterbricht mich nicht!
Es beruhigt mich, und es irritiert mich
gleichermaßen.
Ich bin es nicht gewohnt, dass er geduldig ist,
oder gar aufmerksam.
Als ich ihm alles gesagt habe, ist er lange still.
Er schaut auf seine Hände, als ob es dort eine
Antwort abzulesen gäbe.
Dann legt er seine Hand auf die meine, und

sagt ganz einfach:
Wir schaffen dass!
Allein diese drei Worte geben mir Kraft und Zuversicht, die Dinge neu zu ordnen und gelassener anzugehen.

Nun weiß ich, ich bin nicht allein!

Apfel,
aussen prall
und leuchtend rot,
innen aber
Apfeltot

Wir sind gut,
sagt der Mann.
Wir sind was wir sind,
sagt die Frau.

                    Wir können das,
                      sagt der Vater.
              Aber ich kann es nicht,
                    sagt das Kind.
            Dann wirst du es lernen,
                  sagt der Vater,
            und die Mutter sagt:
            das packst du schon!

Es ist zu schwer,
klagt das Kind.
Nicht für mich,
sagt der Vater.
Dann mach's doch alleine,
sagt das Kind.
Wir schaffen's gemeinsam, sagen die Eltern.

Flüchtlinge

Wir schaffen das,
sagt Frau Merkel.
Gemeinsam sind wir stark,
antwortet das Volk.

Es ist zuviel,
sagen die einen.
Wir haben Angst,
bekennen die anderen.

Schließt die Grenzen,
fordern manche.
Schießt auf Menschen,
ruft ein Rest.

Flucht

vor Krieg

und dem Verderben

in ein neues Land

in dem es Hoffnung gibt

in Sicherheit zu sein

und ohne angst

einfach nur

leben

Erinnern

Bange Stille macht sich breit,

in der Nacht hat es geschneit.

Nichts erinnert, alles ist bedeckt.

Wir gehen vorran im langen Treck.

Raben kreischen heischend über unsere Köpfe.

Hungrige Kinder, verlauste Zöpfe.

Vertöstet auf das nächste Mahl,

vielleicht am Abend, vielleicht erst morgen.

Sei still mein Kind, hab andere Sorgen.

Vorwärts, weiter, ohne Gnade,

das Meer gefroren, Gotenhafen noch weit,

zum Ausruhen ist jetzt keine Zeit.

Halt durch mein Kind,

kann dich nicht tragen, hör auf zu klagen!

Donnerndes Dröhnen in der Luft,
Schüsse gellen - der Schnee färbt sich rot...
mein armes Kind!
Erbarmungsloser Tod.

Bereite dir ein Bett aus Schnee,
deck dich zu mit letztem Kuss.
Eisige Tränen lass ich dir
als letzten Gruß.

Wenn Gräber schluchzen,

und alle Götter jubilieren,

wenn Schweine tanzen

und wenn Schafe frieren,

ist es zu spät,

wenn wir uns jetzt nicht rühren!

Mitmenschen

Tagtäglich hören wir Nachrichten zu der Flüchtlingssituation und schauen uns emotional aufgeheizte, und wenig sachlich geführte Talkshows zu diesem Thema an. Unsere Politiker tragen ihre Hilflosigkeit offen zur Schau, was zur Verunsicherung der Menschen und einer erschreckenden Spaltung der Bevölkerung führt. Neid, Missgunst und Gewalt breiten sich aus wie die Pest.
Warum tun wir uns so schwer?
Wir leben in einer weltweit vernetzten, globalisierten Welt.
Wir treiben Handel mit fragwürdigen Regierungen. Wir beuten ohne schlechtes Gewissen Menschen aus, um Gewinne zu maximieren. Wir liefern Waffen in Krisen und Kriegsgebiete.

Und ja, - natürlich reisen wir gerne in alle Winkel dieser Erde um „fremde Kulturen" kennenzulernen.

Wenn uns jedoch Menschen aus Not und Elend zu nahe kommen, dann igeln wir uns ein, in unserem gemütlichen Wohnzimmer und wollen unsere Ruhe!

Man hat ja schon beim Zuschauen am Fernseher Schweißperlchen auf der Stirn. Einfach unerträglich, diese Bilder von Krieg, Sterben und Zerstörung.

Wir sind privilegiert! Welch ein Glück!!

Aber wir sind doch alle Menschen, und wirklich Mensch zu sein, erfordert mitunter Mut.

Mut offen aufeinander zuzugehen, und nicht nur zuzusehen oder gar wegzusehen!

Nicht alles wird dann gut, aber vieles wird besser!

Heiter bis wolkig

Obligatorische zwei Minuten

Manche Leute haben ein etwas verzerrtes
Zeitgefühl, wenn es zum
Beispiel um zwei Minuten Hilfe geht.
Während ich mich als Außendienstlerin
beflissen bemühe, meine Termine punktgenau
einzuhalten, - mitunter so, dass es
verkehrsrechtliche Konsequenzen nach sich
zieht, nur um meinen Terminpartner nicht aus
seinem Zeitfenster zu stoßen, - fallen mir
andererseits meine wenigen grauen Haare vom
Kopf, wenn mich mein so geduldiger Partner
bittet, ihm zwei Minuten bei irgendetwas zu
helfen.
Es gelingt ihm regelmäßig zehn, zwanzig, oder
gar dreißig Minuten zu zwei Minuten
zusammenzupressen,
sodass ich getrost alles andere um wenigstens

eine halbe Stunde verschieben muss.

Hat er dadurch einen Vorteil? Ist er ein Minutendieb?

Spart er sich die Zeit, die ich ihm länger zur Verfügung stehe?

Lebt er dadurch vielleicht sogar länger?

Ach wenn ich's nur wüsste, was er mit meiner Zeit anfängt.

Vielleicht hebt er sie ja für mich auf???

Taschentuch

Sonntag ist Familientag. Schon immer sind wir nach dem Kaffeetrinken bei gutem und bei weniger gutem Wetter spazieren gegangen.
Alle, bis auf Mama, die sich gleich wieder auf ihre nächste Aufgabe stürzt, und das Abendbrot vorbereitet.
Bruder Hans, Papa , mein Mann, unsere Zwillingsmädchen und ich machen uns auf den Weg.
Papa verspricht uns eine Überraschung, und schlägt eine Tour über den ehemaligen Truppenübungsplatz vor. Von dort hat man eine wunderschöne „rundum" Sicht auf die Höhen des Siegerlandes.
Natürlich verbinden die Mädchen mit Überraschung nicht gerade eine schöne Aussicht.

„In dieser Generation kannst du nur noch mit „Action" punkten", bemerkt mein Bruder lächelnd.

Uns Erwachsenen hat Papa nicht zu viel versprochen. Bei herrlichem Sommerwetter genießen wir das Naturschutzgebiet mit dem Ausblick ins Umland, und versuchen die Lage von Kreuztal, Berleburg und Kaan Marienborn zu bestimmen.

Die Kinder indes, haben sich zu einem nahegelegenen Kletterbaum begeben, um den sich viele mystische Geschichten ranken.

Es dauert nicht lange, bis Sabine, das ältere Zwillingsmädchen atemlos angelaufen kommt. Ihr Mund, ihre Hände, alles ist rot!

„Opa hast du ein Taschentuch?", ruft sie aufgeregt.

Das Schlimmste ahnend fragen wir, ob sie von dem Baum gestürzt sei.

„Nein, antwortet sie lachend, wir brauchen es für die Himbeeren!
Wir wollen der Oma Himbeeren pflücken, damit sie auch etwas von unserem Spaziergang hat!"
„So ein gutes altes Stofftaschentuch ist doch für vieles nützlich", schmunzelt Papa zufrieden, und zieht das sorgfältig gebügelte und gefaltete Tuch aus seiner Jackentasche.

Lachen ist gesund

Ich lese, die VHS bietet unter der Rubrik
„Gesundheit" einen speziellen Kurs an, in
dem es um Lachübungen geht, ein
sogenanntes „Lachyoga."
Komischer Gedanke, sich mit fremden
Leuten zu treffen, und womöglich
auf Kommando und völlig grundlos zu
lachen,...und das in Siegen!!
Vielleicht noch in verschiedenen Tonlagen?!
Allein diese Vorstellung entlockt mir ein
schräges Grinsen, sehr witzig!
Aber was soll's, ich mach da mal mit!
Aus purer Neugier natürlich, und der
Gesundheit zuliebe. Klingt auch weit weniger
schweißtreibend als Joggen. Der Kursleiter,
seines Zeichens amtierender Clown einer
Kinderklinik, beginnt mit der theoretischen

Einführung. Lockerungsübungen, Atmung und Lachen sollen sich positiv über das Zwerchfell auf Herz, Darm und nicht zuletzt auch die Seele auswirken.

Wir beginnen mit den Lockerungsübungen, lassen alles, was wackeln kann, wackeln. Gefolgt von mehrfach tiefem Ein- und wieder Ausatmen, - aber bitte mit Lippenbremse! Welch eine Vorstellung! (die Handbremse war mir ein Begriff...) Weiter geht es mit der Finger – Akupressur, die für die Stimulation sorgt, wie er sagt.

Nun kommen wir zu Kern der Veranstaltung: Wir beginnen mit der Lachübung!

Ein zuerst trocken gehecheltes „Ho ho, ha ha ha, Ho ho, ha,ha,ha" schwillt langsam an zum rythmisch ekstatischen Chor, worauf sich, ob der Komik, eine unvorhersehbare Lachsalve entwickelt.

Meine Lippen sind nicht mehr zu bremsen.
Muss raus zur Toilette, mich beruhigen und
meine Gesichtsmuskulatur wieder unter
Kontrolle kriegen.
Das war hart! Noch einmal tief durchatmen
und ich betrete den Raum erneut, wo geatmet ,
gehechelt und gelacht wird, diesmal sehr
motiviert.
Was ich mitgenommen habe aus diesem Kurs,
ist tatsächlich einen ordentlichen Muskelkater
im Zwergfellbereich, ein paar zusätzliche
Lachfältchen und die Erkenntnis,
dass das Lachen, ganz gleich wo und mit
wem, tierisch viel Freude macht.

Else und Karl Friedrich

Else stellt sich halb hinter Karl Friedrich.

Ein Foto will man von uns machen, mein
Gott, wie aufregend!

Wir sollen einfach nur stillstehen, sonst nichts.

Ich schaue meinen Mann von der Seite an.

Wie er da steht, mit seiner Heugabel. Man
könnte grad meinen, er fühlt sich bewaffnet.

Ich hab das Gefühl,... ja verdammt, ich habe
Gefühle!! Die er nicht kennt, nicht einmal
ahnt, und erst recht nicht wahrnimmt.

Grob ist er, und steif in seinem Gehabe. Alles
muss seine Ordnung haben, glatt und sauber
sein!

Passiert einmal etwas unerwartetes, oder
wunderliches, dann muss er es sofort
korrigieren.

Anderssein ist ihm unheimlich.

Großer Gott, erst in diesem Moment des fotografiert Werdens, und stille Haltens, erkenne ich meinen Mann!
So, als sähe ich ihn zum allerersten Mal.
Die Maske der Frömmigkeit, hinter der er seine Macht ausübt. Der schmale Mund, der seine Härte verrät.
Der sture Blick, der jede liebevolle Geste abschmettert, als wäre es eine Waffe, gegen die es sich zu wehren gilt. Und jetzt noch, wie zum Beweis: die Heugabel!
Es blitzt und pufft: Das Foto ist fertig und mein Bild von Karl Friedrich hat sich in meine Seele eingebrannt.

Rumpelkammer

Wir haben ja so den Kopf voll Gedanken...
Wirr, bunt, schwer, Kleinkariert, manchmal gut, manchmal böse, und so weiter,...
schwirren sie tagtäglich durch unseren Kopf, stapeln sich hinter einer Türe, mit der Aufschrift: Vorsicht! „Gedankengut - Sammellager".
Manchmal fühle ich das Chaos körperlich, ich spüre schmerzlich, wie es sich in meinem „Hinterstübchen" ausbreitet.
Dann stelle ich mir vor, wie alles kreuz und quer, herumliegt.
Einige Gedanken kommen fast nie zur Ruhe, sie geistern sogar nachts noch durch meinen Kopf. Andere überschlagen sich förmlich.
Es geht um „Gott und seine Welt."
Vieles unter dem Oberbegriff „Erinnerungen"

liegt in der hintersten Ecke versteckt, und
wenn ich sie brauche, die Erinnerung, muss
ich sie erst ausgraben und mühsam zusammen
puzzeln. Ist sie dann noch wahr, oder
vermischt sie sich mit anderen Eindrücken?
Ist das Vergessen mitunter sogar die bessere
Variante?
Als besonders schwierig empfinde ich das
Zusammenhalten von Gedanken. Immer
wenn's drauf ankommt, fällt mir was runter,
verschwindet im schwarzen Loch des
Vergessens: Ein Gesicht, ein Name, ein
Schlüssel, ein Termin, ein Geburtstag, meine
Mutter an der Aldi Kasse, oder ein: ach, was
wollte ich eigentlich hier im Keller holen.
Da kommt schon einiges zusammen im Laufe
der Zeit, und manchmal ist es voll peinlich!
Andererseits hat sich auch soviel Unsinn da
oben festgesetzt, der dringend ausgemistet

gehört, damit wieder Platz ist für Neues, oder auch nur für mehr Klarheit.

Oft wünsche ich mir, dass Gott aus seiner Welt,... der das alles schließlich mit zu verantworten hat,
über Nacht mit einer Putzkolonne anrückt, und mir eine Gehirnwäsche verpasst, sodass ich morgens wieder ungehindert loslegen kann, frische Gedanken zu sammeln.

Zahnweh

Papa hat Zahnweh. Es ist Sonntag, Mama
schaut im Internet nach einem Notdienst.
Der nächste zahnärztliche Notdienst ist Dr.
Klein in Altenkirchen.
Das ist eine geschlagene Stunde zu fahren,
klagt der Schmerz geplagte.
Er hält sich einen Eisbeutel auf die Wange.
Mutter kann sich, trotz der misslichen
Situation eine Bemerkung nicht verkneifen.
„Du solltest vielleicht etwas vorsichtiger sein ,
beim Nüsse knacken.
Es gibt ein spezielles Gerät dafür, es nennt
sich Nussknacker.
Hat Papa Tränen des Schmerzes, oder gar der
Wut in seinen Augen?
Ein abgebrochener Zahn ist keine Lappalie,
erst recht nicht, wenn der restliche Stummel

schon bis auf die Wurzel kariös ist.
Mama sucht das Krankenkärtchen, nimmt einen frischen Kühl Accu aus dem Eisschrank, und bietet Papa eine Schmerztablette der Extraklasse an, damit er - und seine Begleiter die weite Fahrt einigermaßen gut überstehen.
Als sie in Altenkirchen ankommen, lesen sie ein Schild an der Praxistüre: Wegen plötzlichem Notfall geschlossen! Wenden sie sich in dringenden Fällen bitte an Dr. Eberlein, Dorfstrasse 6.
Nach weiteren zehn Minuten ist das Ziel erreicht, und die angegebene Adresse gefunden.
Das Schild mit der Aufschrift: Tierarztpraxis gibt ihm den Rest!
Papa steht das Wasser in den Augen, und wirkt noch ein wenig blasser als zuvor:
„Dasch daaf doch nish wah sein", schlurft es

aus seinem verschwollenen Mund.

Mutter ist jetzt ganz in ihrem Element und läutet an der Praxistür.

Ein Bär von einem Mann, mit Blut bespritzter Gummischürze öffnet und fragt freundlich, um welches Tier es sich handelt, dass seiner Hilfe bedarf.

„Um meinen Mann, gibt Mutter kleinlaut zur Antwort, er hat Zahnschmerzen."

Na, dann haben Sie bitte noch einen Augenblick Geduld, bin gleich mit dem Dackel von Dr. Klein fertig, dann kann er sich in seiner Praxis um ihren Mann kümmern.

Ich meine fast, das Poltern des Steines zu vernehmen, der Papa gerade vom Herzen gerollt ist

Doch die Moral von der Geschichte ist, knack Nüsse mit den Zähnen nicht!

Lästereien 1

„Tach Ilse, wat gibtet Neues?

Man erfährt ja sonst nichts, hat ja keiner mehr Zeit für 'en Schwätzchen.

Nur der Kerl dahinten, der da auf seinem Pappdeckel sitzt, und seine Hut hinhält, der sitzt von morgens bis abends da.

Ich seh dat ja immer. Ich sach dir, von morgens bis abends sitzt der da und macht nix! Der arbeitet nix!! Genießt die Sonne und guckt dumm. Während sich unsereins auregt, belästigt der die Leute und hält den Hut hin! Aber von dem bisschen Geklimber, wat der da drin hat, kann der doch net satt werden?

Ich glaube, ich hole dem mal ne' Tüte Wurstezipfel von unserm Metzger. Die krieg ich schon mal für unseren Waldi, für umsonst. Ich finde et ja furchtbar, dat is doch kein

Anblick. Der verschandelt doch dat ganze Straßenbild. Die schönen Bäumchen. Sach' ma, wo geht der denn hin, wenn er ma, …na ja, du weißt schon wat? Die is doch jetzt so schick, mit den Geschäften.

Ach der wird wohl irgendwo fragen, ob er mal darf… Möchte ma wissen, wo der schläft?

Na ja, jedenfalls brauch der bestimmt keine Fenster zu putzen, Ilse.

Ach Gott ja, die müsste ich auch mal wieder…, aber man kommt ja zu nix.

War heut morgen noch auf'm Amt, Geld holen. Den kannste auch die Schuhe im Gehen besohlen, die denken wohl wir hätten ewig Zeit.

Hastet ma wieder eilig, Ilse, wo willste denn hin??"

„Fensterputzen Else, ich brauch dringend mal wieder etwas mehr Durchblick!"

Lästereien 2

„Hast du dat gehört, gestern Abend?
Bei Schreibers war wohl kräftig die „Kacke
am dampfen", dat ging über eine Stunde.
Dann kam der Alte raus zum Rauchen.
Ist ja auch kein Wunder, bei den Plagen...
Der Große läuft mit so 'nem grünem
Hahnenkamm umher!
Ob der überhaupt noch zur Schule geht?
Ich seh' ihn jedenfalls nicht, wenn ich
morgens um zehn lüfte.
Und die Tochter, dat ist ja dat Neuste, die ist
seit zwei Wochen mit so einem Südländischen
zusammen, Araber oder wat auch immer,
jedenfalls nix deutsches!
Sie selbst, also die Frau Schreiber, treffe ich
schon mal beim Frisör.
Die sagt ja nie wat, hält sich wohl für wat

Besseres! Der muss man immer die Würmer aus de Nase ziehn. Die hält wohl nix von guter Nachbarschaft. So was muss man doch pflegen! Mit der hab ich noch nie 'nen Kaffee getrunken , oder mal en Bier.
Da muss man schon vorsichtig sein, wenn jemand so wenig Kontakt zur Nachbarschaft hat! Dabei will man doch eigentlich nur wissen, ob es den Nachbarn gut geht.
Also , jetzt mal ehrlich, wenn du so ein Früchtchen von Sohn hättest, würdest du dich doch auch nur schämen. Und 'ne Tochter, die 'en Muslim heiratet…Jetzt sach du doch auch mal wat, Ilse!"
„Na ja Erna, der Sohn macht gerade Abi mit unserm Lisa, ist wohl ein echter Streber, der Alex, und die Tochter ist mit dem Sohn von unserm Zahnarzt zusammen. Was machen eigentlich deine Kinder, Erna?

Wolkenbilder

An einem See im Gras liegend, beobachte ich
am Himmel vorbeiziehende Wolken.
Ich bestaune den ständigen Prozess der
Veränderung.
Manchmal erkenne ich ein Tier, oder ein
Schiff.
In einer anderen Wolke erkenne ich ein
Gesicht.
Letztendlich sind sie wie flüchtige Gedanken.
Phantasievoll und irreal. Sie bauen sich auf,
verändern sich, fliegen weg und werden
vergessen...
Ich stehe auf, laufe zum See, tauche ein ins
kühle Nass.
Wieder sehe ich Wolkenbilder, gespiegelt im
Wasser, durch die Wellen verzerrt.
Verletzte Wolken, blitzende Gebilde.

Ich verlasse das Wasser, wickle mich in mein Badetuch und entspanne mich in der Wärme der Sonne.
Alle Wolken sind verflogen.

Wer Fehler anderer erkennt, ist klug,
wer die eigenen bekennt ist weise.
Wer Fehlerfrei durchs Leben schwebt,
hat nicht gelebt

Danke an all die lieben Menschen, die mich
mit Worten und Taten unterstützt und
motiviert haben

Herstellung und Verlag:
BoD - Books on Demand, Norderstedt
ISBN 978-3-7386-5288-8